So ist dieses Heft aufgebaut:

Fingertraining

Erst mal die Finger lockern
Mit den Fingern laufen
Knüllen und Greifen

Genau sehen

Genau ausmalen
Rechts und links unterscheiden
Richtungen unterscheiden
Bildausschnitte wieder finden

Schreibschwünge

Die Gerade
Geraden genau ziehen
Geraden nachfahren
Ecken nachfahren
Der Arkadenschwung
Arkadenschwünge nachfahren
Der Girlandenschwung
Das Oval
Ovale nachfahren
Der Schleifenschwung
Schleifen nachfahren
Alle Grundschwünge nachfahren

Das kannst du jetzt schon!

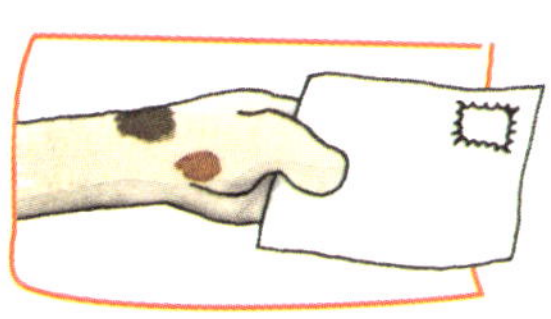

Lernen im Alltag

Praktische Anregungen

Symbole ermutigen die Kinder, möglichst selbstständig mit den Übungen umzugehen.

Fahre nach.

Male an.

Arbeit für die Hände!

Benutze deine Lernmaterialien.

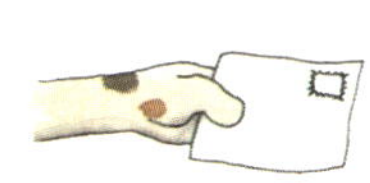

Hinweis auf Lerntipps im Anhang

Erst mal die Finger lockern

Zum Schreiben brauchst du bewegliche Finger. Mit einem Knautschsäckchen kannst du sie gut trainieren. So stellst du ein Knautschsäckchen her:

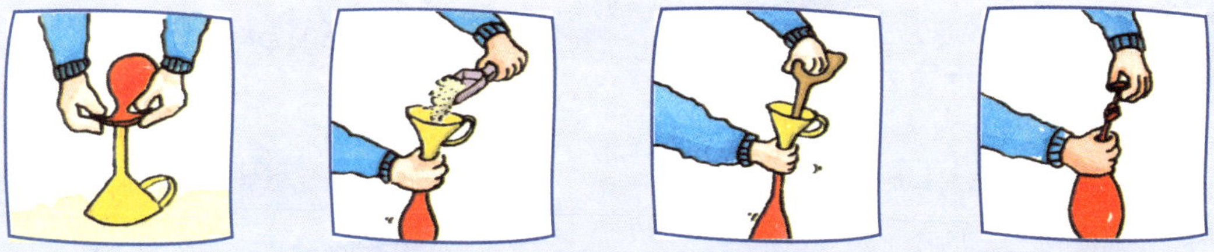

Luftballon über Trichter ziehen. — Sand einfüllen. — Ballon lang ziehen, Sand nachstopfen. — Ballon zuknoten. Fertig!

Das kannst du mit deinem Knautschsäckchen machen:

richtig kräftig durchkneten,

hochwerfen und wieder auffangen,

zwischen den Händen rollen,

daran zupfen.

Mit den Fingern laufen

Gehe mit deinem Zeige- und Mittelfinger los.
Achte auf die orangefarbigen Fingerabdrücke!

Knüllen und Greifen

Hast du schon mal eine Pinzette benutzt? Gar nicht so leicht, kleine Gegenstände damit aufzuheben. Knülle aus Zeitungspapier viele kleine Kügelchen. Fülle sie mit einer Pinzette in die Wannen und Eimer am Strand.

Genau ausmalen

Hier fehlen die Farben. Vergleiche mit dem Bild unten und versuche möglichst genau auszumalen.

Genau sehen

Rechts und links unterscheiden

Rechts oder links? Mit einem Merkbändchen ums Handgelenk kannst du die Richtungen leicht unterscheiden. So stellst du ein Bändchen her:

Schneide einen langen Wollfaden ab.

Spanne ihn um die Klinke, fasse die Enden, drehe ...

Faden abnehmen, ausstreichen und verknoten.

Band ums linke Handgelenk binden. Fertig!

Das kannst du mit deinem Merkbändchen machen:

dich einmal links herum drehen,

mit der rechten Hand schnipsen.

Was siehst du auf deiner linken Seite?

Wie lange kannst du auf dem rechten Bein stehen?

Richtungen unterscheiden

Nach oben ↑, nach unten ↓, nach links ←, nach rechts →?
Trage die richtigen Pfeile ein.

Genau sehen

Bildauschnitte wieder finden

Findest du die sechs Bildausschnitte im großen Bild wieder?
Wo steckt der Biber?

Genau sehen

Die Gerade

Mäuse flitzen gerne geradeaus. So stellst du eine Rennmaus für den Zeigefinger deiner Schreibhand her:

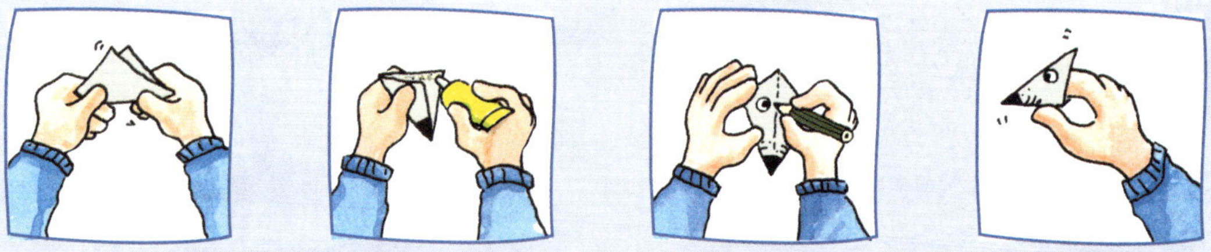

Falte aus Papier (4 x 4 cm) ein Dreieck.

Klebe zwei Kanten aufeinander.

Male ein Mausgesicht auf ...

... und fertig ist die Rennmaus!

Das kannst du mit deiner Rennmaus machen:

am Türrahmen rauf- und runterlaufen,

am Fensterbrett entlangflitzen,

an deinem ausgestreckten Arm hochrennen,

die Kanten deines Heftes ablaufen.

Geraden genau ziehen

Welche Maus findet das Loch in der Gartenmauer?
Laufe mit deinem Rennmäuschen den richtigen Weg vor.
Verbinde dann Punkt für Punkt mit einem Stift.

Geraden nachfahren

Wo fehlt etwas? Fahre mit dem Stift nach und male das Bild fertig.

Fahre nach. Findest du die Geraden in den Buchstaben?

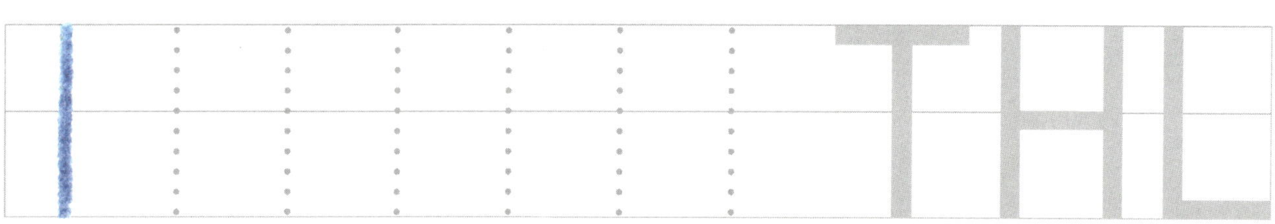

Ecken nachfahren

Mäuschen ohne Schnäuzchen! Wo gibts denn so etwas?
Male die Mäuse fertig.

Fahre nach. Findest du die Ecken in den Buchstaben?

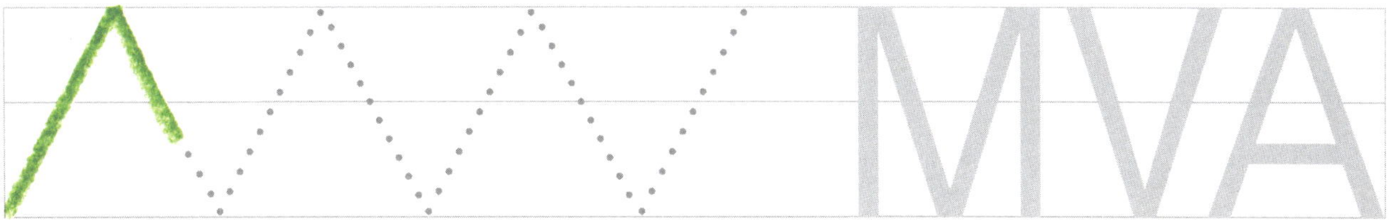

Der Arkadenschwung

Für den Arkadenschwung kannst du deine Schreibhand mit einem Schwingfähnchen locker machen. So stellst du eines her:

Schneide Papierstreifen (6 x 3 cm).	*Klebe die Kanten aufeinander.*	*Befestige das Blöckchen an einem Stift.*	*Fertig ist das Fähnchen!*

Mit deinem Schwingfähnchen kannst du:

Formen in die Luft schwingen,

ganz große Schwünge und ganz kleine Schwünge machen,

einen Regenbogen in die Luft malen,

Bögen zu Musik schwingen.

Arkadenschwünge nachfahren

Manche Tiere machen hohe und weite Sprünge.
Fahre nach, wie die Tiere springen.

Fahre nach. Findest du die Arkaden in den Buchstaben?

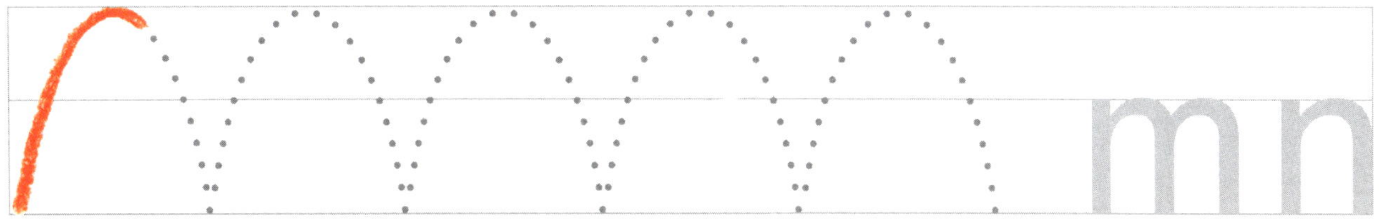

Arkadenschwünge nachfahren

Findest du die Bögen an diesen alten Häusern? Male sie nach.

Der Girlandenschwung

Richtig bunt sollen die Girlanden für die Party werden!
Fahre sie mit verschiedenen Farben nach.

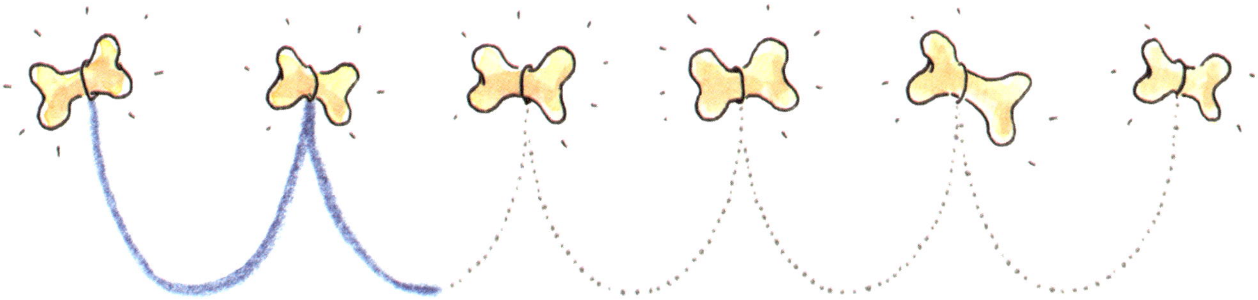

Fahre nach. Findest du die Girlande in den Buchstaben?

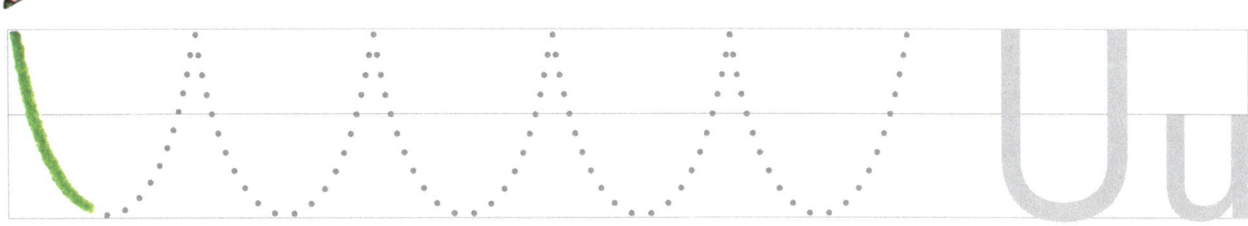

Das Oval

Das Oval sieht aus wie ein Ei. Auf einer Spurenkarte kannst du es mit den Fingern nachfahren. So stellst du eine Spurenkarte her:

Pappe zurecht-schneiden (15 x 10 cm)

Mit einem Klebestift ein Oval aufmalen.

Feinen Sand darüber pusten ...

... fertig!

Das kannst du mit deiner Spurenkarte machen:

Die Form auf der Spurenkarte nacheinander mit allen Fingern nachfahren.

Oder: Mit dem Schwingfähnchen das Oval in die Luft malen.

Mit Daumen, Zeigefinger und Mittelfinger ein Pfötchen bilden und die Form nachfahren.

Ovale nachfahren

Katzen spielen gern mit Wolle. Fahre die Spur des Fadens nach.

Fahre nach. Findest du die Ovale in den Buchstaben?

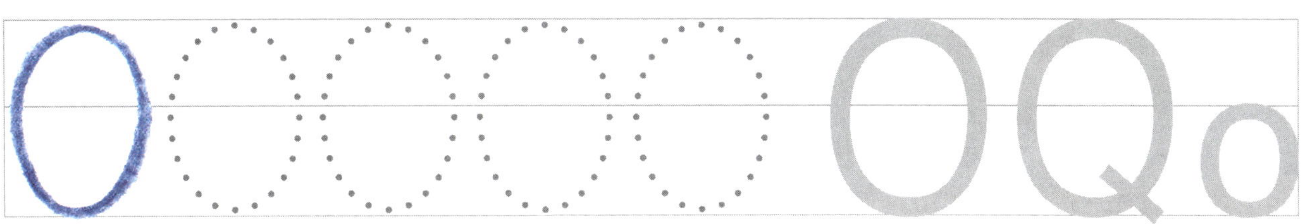

Der Schleifenschwung

Kabelsalat! Welches Kabel gehört zu welchem Gerät? Fahre nach.

Schleifen nachfahren

Weißt du noch, wo dein Rennmäuschen ist? Lass es auf der Achterbahn herumsausen und male dann seine Spur nach.

Alle Grundschwünge nachfahren

Malst du gerne Muster? Fahre nach.

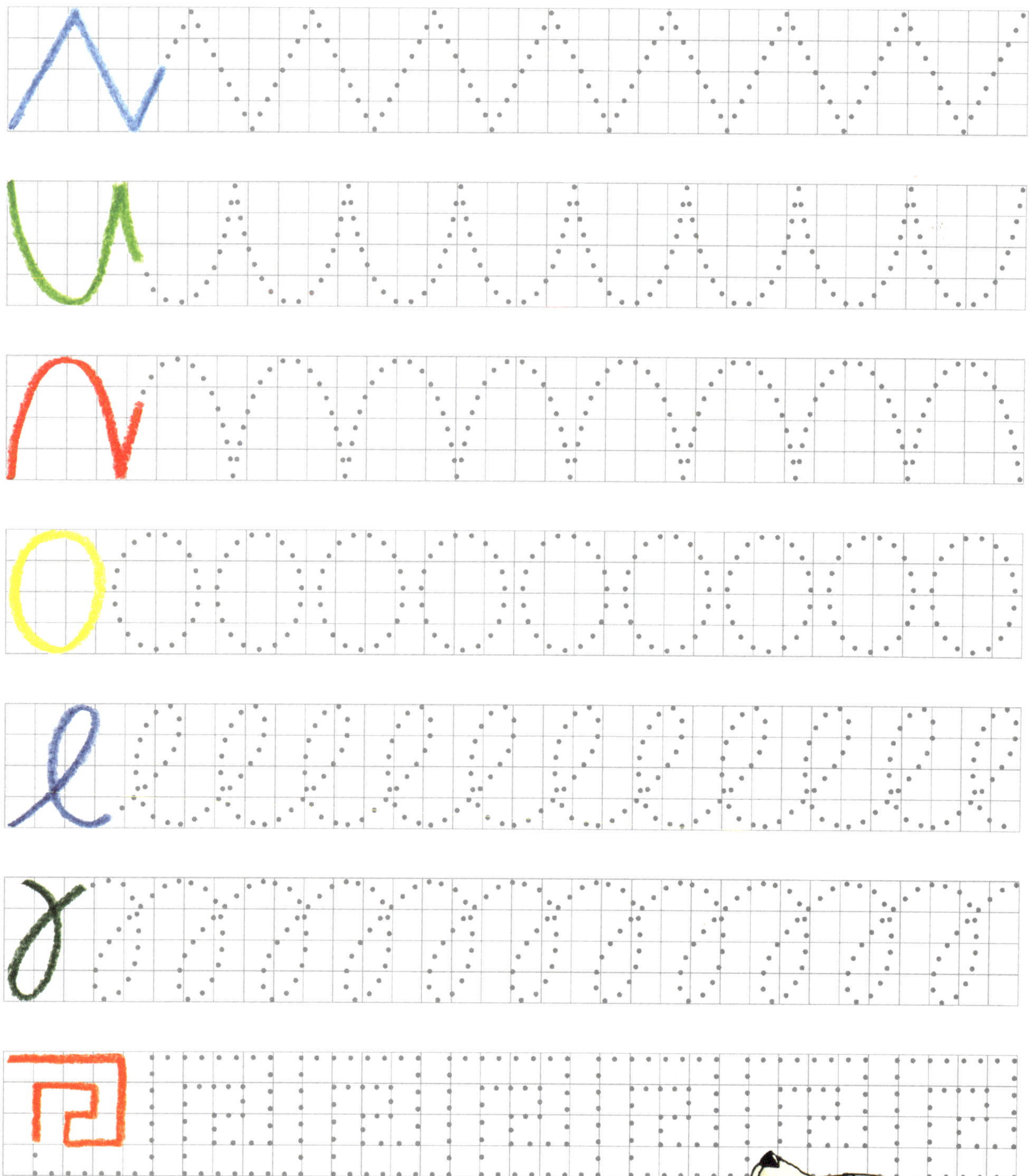

Das kannst du jetzt schon!

Jetzt kannst du die Buchstaben des Alphabets nachschreiben.

A B C D E F G H

I J K L M N O

P Q R S T U

V W X Y Z

Hier ist Platz für dein Lieblingswort oder deinen Namen:

Praktische Anregungen

Schreibenlernen fängt nicht erst in der Schule an. Die wichtigsten Grundlagen eignet sich Ihr Kind bereits lange davor an. Mit diesen einfachen, abwechslungsreichen und leicht in den Alltag zu integrierenden Übungen begleiten Sie Ihr Kind in seiner natürlichen Entwicklung und vermitteln ihm Freude am Lernen.

A Feinmotorik

Die Finger der Schreibhand trainiert Ihr Kind ganz nebenbei, indem es

- Fussel, Krümel und Papierschnipselchen aufhebt,
- Blusen, Hosen und Hemden etc. selbst auf- und zuknöpft,
- Knoten in Bändern und Schnüren löst,
- Schraubverschlüsse auf- und zudreht,
- knetet, matscht, faltet, ausmalt und Papier reißt.

B Optische Unterscheidung

Links und rechts unterscheiden zu können ist für Ihr Kind nicht nur im Alltag, sondern auch im Hinblick auf den Schreiblernprozess wichtig. Es muss die Schreibrichtung von links nach rechts akzeptieren lernen.
Sie können ihm dabei helfen, indem Sie

- beim gemeinsamen Überqueren einer Straße konsequent die empfohlene Blickrichtung links-rechts-links einhalten,
- beim Tischdecken auf die Lage des Bestecks oder eines Glases hinweisen,
- Ihrem Kind kleine Aufträge mit möglichst genauen Lagebezeichnungen erteilen.

C Schreibschwung: die Gerade

Die Gerade kommt in vielen Druckbuchstaben vor. Vorübungen wie diese hier schulen das Empfinden und das Bewusstsein für die Form.
Lassen Sie Ihr Kind

- an der Teppichkante oder an den Dielen des Parketts entlanggehen,
- auf Mauern oder Geländern balancieren,
- die Gerade in seiner Umwelt suchen (Was ist krumm, was ist gerade?),
- auf Zehenspitzen und mit hochgestreckten Händen gehen (z. B. morgens ins Bad).

D Schreibschwung: Arkade und Girlande

Arkaden- und Girlandenschwünge gibt es, wohin man schaut. Sie gehören ebenfalls zu den Grundformen des Schreibenlernens.
Lassen Sie Ihr Kind

- die Schwünge mit einem Waschlappen oder Schwamm beim Baden an die Badfliesen malen,
- die Schwünge mit einem Handtuch schwingen,
- über kleine Hindernisse springen (z. B. Türschwellen),
- Seil springen.

E Schreibschwung: das Oval

Den für einige Buchstaben in der Druck- und Schreibschrift wichtigen Grundschwung übt Ihr Kind, indem es

- beim Rühren einer Salatsoße oder eines Teiges hilft,
- ein Getränk umrührt,
- einen Gartenschlauch oder ein Kabel zusammenrollt,
- ein Geschenkband aufwickelt,
- einen Topf oder eine Schüssel abtrocknet.

F Schreibschwung: die Schleife

Bei der verbundenen Schrift kommt in vielen Buchstaben die schwierige Form der Schleife vor. Dazu braucht Ihr Kind eine besonders lockere Hand.
Ihr Kind trainiert diesen Schwung ganz nebenbei, indem es

- den Badezusatz in Form einer liegenden Acht im Badewasser verteilt,
- einen Faden oder Gummiring in Schleifen um die Finger spannt (Fingerweben),
- eine liegende Acht in den Sand, den Schnee oder auf eine verschmutzte Autoscheibe malt.